CUBA & PUERTO-RICO

Conférence faite à Roubaix le 15 Février 1889

PAR

M. H. CASTONNET DES FOSSES,

Membre de la Société de Géographie.

LILLE,

IMPRIMERIE L. DANEL.

1889.

CUBA ET PUERTO-RICO

Conférence faite à Roubaix le 15 février 1889

Par M. H. CASTONNET DES FOSSES.

Jusqu'au moment de la Révolution, l'Espagne était la première puissance coloniale. Les possessions de la Cour de Madrid étaient si vastes, que l'on disait que le soleil ne s'y couchait jamais. Au commencement de notre siècle, les populations des vice-royautés de l'Amérique se sont émancipées et ont formé différentes républiques, plus ou moins livrées à la guerre civile, à part le Chili. Mais si l'Espagne a perdu le Nouveau-Monde, elle a conservé de riches débris de son ancien empire d'outre-mer. Elle posséde en Amérique deux des grandes Antilles, Cuba et Puerto-Rico, et en Océanie, les îles Philippines. Si ces dernières îles sont encore vierges et offrent un vaste débouché à l'activité humaine, les Antilles espagnoles nous donnent le spectacle d'une prospérité incroyable, et peuvent être pour nous l'objet d'une étude aussi intéressante qu'instructive.

Cuba est la possession espagnole de beaucoup la plus importante. Son sol fertile, sa prospérité croissante, sa situation, l'étendue de ses relations commerciales avec toutes les nations de l'Europe et de l'Amérique, en ont fait une colonie des plus florissantes; et c'est avec raison que les nombreux admirateurs de cette terre fortunée, l'appellent *La Reine des Antilles*; aussi ne faut-il pas s'étonner si la Cour de Madrid attache tant d'importance à cette île, qui, pour elle, constitue un véritable grenier d'abondance, une mine qu'elle exploite avec une rapacité qui n'a de Castillan, et si les Etats-Unis, fidèles à la doctrine de Monroë, jettent de temps en temps un regard de convoitise sur la *Grande Antille* qu'ils espèrent faire entrer tôt ou tard dans l'Union américaine. Ces quelques mots suffisent pour comprendre toute l'importance de Cuba.

Nous connaissons tous l'histoire des Antilles, de cet admirable collier de perles. Nous savons que toutes les puissances maritimes de l'Europe, l'Espagne, la France, l'Angleterre, la Hollande, le Danemarck, la Suède, la Prusse même, ont paru dans cet archipel, y ont fondé des établissements, et suivre la marche de ces différents états dans cette partie de l'Amérique, c'est connaître, étudier la colonisation européenne, variant pour ainsi dire dans chaque île, présentant des alternatives de succès et de revers. Aussi ne faut-il pas s'étonner si aux Antilles tant d'intérêts contraires se trouvent en présence les uns des autres.

Cuba est la plus grande des Antilles. Sa longueur de l'est à l'ouest est de 1,300 kilomètres ; sa largeur varie entre 40 et 160 ; et sa superficie, en y comprenant quelques petites îles, ses dépendances, est de 119,000 k. c., c'est-à-dire un peu plus du cinquième de la France. Sa situation est merveilleuse ; elle est à 200 kilomètres du Mexique, à 230 de la Floride, à 160 des îles Bahama, à 90 d'Haïti, à 150 de la Jamaïque. Elle est l'une des premières terres que l'on trouve en venant d'Europe. Cet aperçu nous montre que Cuba est placé de manière à communiquer facilement, aussi bien avec l'ancien monde qu'avec le nouveau, et, grâce à sa position, cette terre est faite pour devenir une grande place de commerce et un entrepôt de premier ordre.

La configuration de Cuba mérite que nous en disions un mot. La plus grande partie de l'île est légèrement ondulée, et ne s'élève pas en moyenne à plus de cent mètres de hauteur. Néanmoins, les régions de l'est et du midi sont fort montueuses. La côte méridionale est parcourue dans tout son développement par une chaîne, connue sous le nom de *Sierra del Cabre*, dont plusieurs pics ont 1,500 et 2,000 mètres d'altitude. Au pied de ces montagnes s'étendent de vastes prairies, de belles plaines, de grandes savanes et aussi des marécages, causes de fièvres redoutées avec raison par les Européens. L'île est arrosée par un grand nombre de rivières, la plupart peu importantes. Une seule est navigable, et encore seulement pour les bâtiments d'un faible tonnage, et sur un tiers de sa longueur. C'est le *Canto*, qui se jette dans la baie de Buena esperanza, après un cours de 200 kilomètres. Les côtes de l'île sont d'un abord assez difficile. Elles sont généralement précédées de rochers et de bas-fonds, qui s'étendent jusqu'à 3 à 4 kilomètres dans la mer. Les rivages sont assez découpés, et présentent un assez grand nombre de ports et de baies, dont le mouillage ne laisse rien à désirer.

Malheureusement les barrages que nous venons de signaler en rendent l'accès dangereux. En outre, ils présentent un inconvénient des plus graves ; ils facilitent des inondations constantes, d'autant plus que la côte est basse, si bien que le sol est presque toujours détrempé sur une largeur de plusieurs kilomètres. Aussi les rivages sont-ils fiévreux, et l'étranger qui débarque à Cuba pour la première fois fait bien de prendre sans tarder la route de l'intérieur.

Il n'en faudrait pas néanmoins conclure que le climat soit malsain : ce serait une erreur. A Cuba, nous trouvons le climat des Antilles, et si dans les parties basses de l'île, la température est élevée, elle se maintient en moyenne entre 20° et 30°. A la Havane, la moyenne est de 25°. La saison tempérée comprend les mois de mars, avril et mai ; la saison froide va de novembre en février ; et enfin l'hivernage, c'est-à-dire la saison, à la fois, la plus chaude et pluvieuse, dure pendant les mois de juin, juillet, août. C'est l'époque de l'année la plus pénible pour les Européens. Les ouragans y sont fréquents, et parfois leur passage est la cause de nombreuses ruines.

Au point de vue de la fertilité, Cuba ne laisse rien à désirer. Son sol est en quelque sorte merveilleux, et produit, pour ainsi dire, de lui-même le sucre, le tabac, le café, le cacao, le coton, l'indigo, le riz, le maïs, etc. L'on y trouve tous les fruits et tous les légumes des tropiques. Les forêts recouvrent une grande partie du pays, et jusqu'à présent, on n'en a tiré qu'un médiocre parti. Cependant les plus riches essences y abondent, telles que l'acajou, l'ébène, le cèdre, et d'autres bois d'une grande valeur On y élève un grand nombre de bestiaux et de porcs, ainsi qu'une quantité considérable d'abeilles. Les montagnes recèlent des mines d'or, de cuivre, de fer, dont l'exploitation est encore fort peu active. Il y a aussi des carrières de marbre, d'ardoises, des sources minérales, des marais salants, et, depuis quelques années, l'on y a découvert des gisements carbonifères.

Ainsi qu'on peut le voir, la nature a richement doté Cuba, et lui a, en quelque sorte, prodigué ses dons. Néanmoins, cette terre fortunée, dont l'Espagne avait pris possession en découvrant le Nouveau-Monde, est demeurée longtemps oubliée, et ce n'est guère qu'au commencement de ce siècle que Cuba est devenue réellement une colonie dans toute l'acception du mot.

Après avoir reconnu, le 12 octobre 1492, la petite île de Guanahani, l'une des Lucayes, Christophe Colomb avait continué sa route, et découvert le 27 du même mois la grande île de Cuba, qu'il nomma

Juana, en l'honneur de la fille des *Rois Catholiques*. Après avoir consacré plusieurs semaines à explorer les rivages de cette terre, il se dirigea du côté d'Haïti. Ce fut seulement en 1511, que les Espagnols occupèrent Cuba. Le fils de Christophe Colomb, don Diégo, envoya une expédition de 300 hommes y fonder un établissement.

Cuba n'était pas une terre déserte. Ses habitants ressemblaient au physique et au moral à ceux d'Haïti. Leur peau était de couleur cuivrée, leurs cheveux d'un noir jais et plats, et leur barbe peu fournie. Ils ne portaient aucun vêtement, et les femmes se couvraient de la ceinture aux genoux avec un tissu grossier de coton ou de feuilles de bananier. Leurs habitations consistaient en des cases en bois, entourées de jardins, où ils cultivaient le maïs, l'igname, le manioc, des racines, des pois et des légumes. Leurs aliments se composaient de racines, de fruits, de poissons, d'agoutis et d'oiseaux, qu'ils apprivoisaient ou élevaient autour de leurs demeures. Leur vie se passait dans l'indolence, et leurs occupations consistaient à aller à la chasse et à la pêche. Leurs besoins se réduisaient à peu de chose. Leurs meubles étaient grossièrement travaillés; des troncs d'arbre leur servaient de chaises et de tables; leurs lits étaient des hamacs en coton, et leurs ustensiles des calebasses on des cocos. Pour creuser leurs barques, ils se servaient de pierres coupantes, et leurs armes consistaient en lances d'un bois dur, et en flèches terminées par une arrête de poisson. Un de leurs usages frappa tout d'abord d'étonnement les Espagnols; ils s'éclairaient la nuit avec des *cocuyos*, gros scarabées phosphorescents, qu'ils plaçaient dans une calebasse percée de trous. Aujourd'hui, l'on se sert encore de cet éclairage naturel; l'on prétend même que les jeunes filles y tiennent beaucoup, et, grâce à la lumière discrète du *cocuyo*, elles peuvent lire secrètement les missives d'amour, et y répondre, et tromper ainsi la surveillance de leurs duègnes.

Les indigènes de Cuba se faisaient remarquer par une douceur extrême. Ils avaient une organisation politique des plus rudimentaires. Ils étaient divisés en vingt-neuf petits états gouvernés par des chefs qui portaient le nom de caciques et dont l'autorité était absolue. Ils croyaient à l'existence d'un seul Dieu, à l'immortalité de l'âme, aux récompenses et aux châtiments après la mort. Eu égard à la grandeur de l'île, ils étaient peu nombreux et les auteurs qui ont estimé au plus haut leur population, nous disent qu'il y avait tout au plus 300,000 habitants. Ce chiffre nous semble exagéré et en adoptant celui de cent cinquante mille, nous croyons être plus près de la vérité.

Les Espagnols se partagèrent les terres ainsi que les Indiens qui n'opposèrent qu'une résistance insignifiante. L'île prit le nom de Santiago en l'honneur de St-Jacques, patron de l'Espagne, pour reprendre plus tard celui de Cuba, que lui donnaient les indigènes et que depuis elle a gardé.

La colonisation marcha fort lentement; au bout de quelques années, la population indigène, décimée par les mauvais traitements auxquels elle était en but et les maladies que lui avaient apportées les Européens, avait en quelque sorte disparu, et à Cuba, comme dans les autres colonies espagnoles, cette extermination des naturels est uniquement l'œuvre des aventuriers venus de l'Espagne; et c'est en vain que les gouverneurs envoyés par la Cour de Madrid et le clergé catholique s'efforçaient de lutter contre les cruautés commises. En 1535, l'on ne comptait plus dans toute l'île que cinq ou six mille Indiens. Dès cette époque, l'on avait commencé à y introduire des nègres. Quelques villes avaient été fondées, et entre autres celles de la Havane, en 1519; néanmoins Cuba restait sans importance. Les Espagnols portaient toute leur activité du côté du Mexique et du Pérou, et c'est tout au plus s'ils considéraient les Antilles comme des points de relâche. Les rares colons qui habitaient Cuba élevaient du bétail. Ce ne fut qu'en 1550 que commença la culture des céréales, en 1580 celle du tabac, et quelques années plus tard, s'établissait la première sucrerie. En 1700, la colonie ne comptait que douze villes ou bourgs et c'est seulement à partir de cette époque que les deux principaux centres, la Havane et Santiago, furent fortifiés et mis en état de résister aux attaques des flibustiers, qui à cette époque infestaient la plupart des possessions européennes. En 1788, à la veille de la Révolution, la situation était loin d'être prospère. L'île était déserte en grande partie et la population ne s'élevait qu'à 120,000 habitants. La culture était fort réduite, la production du sucre insignifiante, le commerce à peu près nul; à l'intérieur, les routes et les chemins n'existaient pas à vrai dire et, chaque année, la Cour de Madrid était obligée d'envoyer à Cuba de 1,600,000 à 1,800,000 piastres pour subvenir aux dépenses locales. Pour les Espagnols habitués aux richesses du Mexique et du Pérou, Cuba était une possession dispendieuse et il ne serait jamais venu à l'idée d'un Castillan d'aborder à cette terre pour y faire fortune.

En 1791, arrive le cataclysme de Saint-Domingue. La riche colonie française, *la reine des Antilles*, sombre dans l'ouragan révolutionnaire. Plusieurs milliers de planteurs français, échappés au massacre, se réfugient à Cuba et amènent avec eux les débris de leur opulence, quelques esclaves, et en même temps leur savoir, leur expérience et leur activité. Grâce à eux, la culture de la canne à sucre se développe, celle du café et du coton est introduite. Cuba met le pied sur le char de la fortune et, à partir de ce moment, un nouvel horizon s'ouvre pour cette terre en quelque sorte délaissée. Sa richesse augmente chaque jour, la colonisation marche à pas de géant et le développement tient en quelque sorte du merveilleux. Aussi, si nous considérons la situation actuelle de Cuba, nous pouvons être fiers de ses progrès dus, en grande partie, aux Français de Saint-Domingue et nous sommes heureux de constater que ceux de nos compatriotes qui se sont réfugiés à Cuba ont acquitté leur dette, et ont largement payé l'hospitalité que leur ont donnée les Espagnols en leur apportant la richesse ou tout au moins la prospérité.

Il serait intéressant de faire l'historique de Cuba depuis les origines de son développement jusqu'à nos jours. Mais ceci nous entraînerait trop loin, et quelques chiffres vaudront bien mieux que du rétrospectif. Cuba a actuellement une population qui dépasse 1,500,000 habitants. Son commerce, quoique bien déchu depuis une vingtaine d'années, s'élève encore, tant pour les importations que pour les exportations, à cinq cents millions. La navigation de l'île avec l'étranger est représentée par 750,000 tonnes. Le réseau des chemins de fer représente un développement de plus de 1,500 kilomètres. L'on trouve de belles routes, de grandes villes, et la plus importante, la Havane, est une cité de 250,000 habitants dont la richesse et l'opulence sont proverbiales dans le monde entier, en Europe aussi bien qu'en Amérique.

La population de Cuba, ses origines, ses démarcations, pourraient faire l'objet d'une étude fort intéressante, mais ce serait nous écarter du cadre que nous nous sommes imposé. Ainsi que dans toutes les Antilles, l'on trouve, à Cuba, des blancs, des mulâtres et des nègres. La population blanche est de beaucoup la plus nombreuse ; elle compte un million d'individus, qui, à part quelques milliers venus pour la plupart de la péninsule pour y exercer des fonctions publiques, sont nés dans la colonie et forment ce qu'on appelle les créoles. Ils descendent des Français de Saint-Domingue, de Galiciens, de Basques, de Catalans, de Canariotes. Les meilleurs colons de Cuba sont, sans contredit, ceux d'origine galicienne et canariote. Au temps où l'émigration européenne se portait à Cuba, l'on voyait les Galiciens et les Canariotes arriver par centaines, amenant avec eux leurs femmes et leurs enfants, n'ayant que de modiques ressources, ou tout au plus un petit pécule, mais doués d'une grande énergie et possédant à un haut degré le goût du travail. En débarquant, ces immigrants, habitués les uns à la vie dure et pénible que l'on mène dans ces montagnes de la Galicie et les autres acclimatés d'avance avec les Antilles qui ont comme température quelque analogie avec les Canaries, s'adonnaient à la culture, et c'est ainsi que s'est peu à peu formée une population rappelant les *petits blancs* des anciens colons et, à Cuba, ils sont désignés sous le nom de *guarijos* ou de *blancos de la tierra*. Aujourd'hui, ils constituent un groupe important. Ils habitent principalement les bourgs de l intérieur, cultivent de petites fermes dont ils sont la plupart du temps propriétaires et récoltentdes vivres, du café, du tabac. L'existence qu'ils mènent est fort simple et leurs mœurs morales. Chez eux l'esprit de famille existe comme par le passé. Ce sont des paysans dans toute l'acception du mot, et ils n'ont pas peu contribué à développer la richesse de Cuba. Les Basques et les Catalans s'adonnent principalement à la banque, au commerce et notons que tout le commerce de détail, dans les villes, principalement l'épicerie, est aux mains de ces derniers, et naguère il était d'usage de se servir du mot de Catalan pour désigner un épicier. Depuis quelques années, les étrangers commencent à devenir nombreux, et nous trouvons-là, comme partout ailleurs, les Américains, les Anglais et, depuis quelque temps, les Allemands, tous s'agitant, spéculant et montrant une activité, un désir du gain incroyables. Quant aux Français, ils n'existent, comme commerçants, qu'à l'état d'exception, et ceux qui sont fixés dans le pays exercent des professions fort dédaignées des autres Européens, telles que celles de coiffeurs ou de modistes.

Le préjugé de couleur existe à Cuba, comme dans toute l'Amérique, quoiqu'il soit moindre que dans les États-Unis. Aussi, les blancs se considèrent-ils comme supérieurs aux mulâtres et aux nègres, et cependant la population blanche n'est pas pure de tout mélange, tant s'en faut avec l'élément africain. Nombre de personnes dont les traits dénotent une alliance de leurs ancêtres avec la race africaine figurent parmi les blancs, et ces faux blancs sont peut-être plus entichés du préjugé de caste que les autres. Il est néanmoins facile de reconnaître, de constater leur origine, mais ils ont eu le talent, l'habileté de se faire passer pour blancs, d'être acceptés comme tels et grâce à l'usage qui a ratifié leur usurpation, ils appartiennent à la classe dominante.

Les mulâtres, connus généralement sous le nom de gens de couleur, et les nègres constituent un groupe de cinq cent mille individus, le tiers de la population, mais ce chiffre est au-dessous de la vérité. Dans les montagnes où les Européens n'ont jamais pénétré vivent des milliers de noirs, anciens esclaves marrons qui ont retourné à l'état sauvage et ont en quelque sorte cessé toute relation avec le monde civilisé. A l'heure actuelle, l'esclavage a cessé de souiller Cuba et la servitude a disparu. Néanmoins le mulâtre et le nègre sont placés dans un état d'infériorité vis-à-vis du blanc dont d'ailleurs ils acceptent et reconnaissent la supériorité.

L'on ne trouve pas chez eux cette animosité dont sont animés les anciens esclaves à la Martinique et à la Guadeloupe. La population noire de Cuba est assez docile et il faut en grande partie en attribuer la cause à son origine.

Les nègres cubains ne descendent pas des nègres enlevés à la côte d'Afrique, mais de nègres esclaves en Espagne, et transportés en Amérique dans le courant du XVIe siècle.

Les mulâtres vivent généralement dans les villes où ils sont ouvriers, parfois petits marchands, et ceux que l'on rencontre dans les campagnes sont employés en qualité de contre-maîtres sur les habitations. Quant aux nègres purs, des travailleurs pour la plupart à la culture, et ceux qui sont dans les villes, exercent les professions les plus rudimentaires, telles que celles des manœuvres ou de portefaix. Du reste, il devient de plus en plus difficile de distinguer les gens de couleur d'avec les nègres purs. Depuis quelques années, des alliances ont lieu à chaque instant entre les deux races : si bien que dans un siècle d'ici, l'on pourra ne plus trouver à Cuba que des blancs, vrais ou faux ou des gens de couleur, et que le véritable nègre, l'Africain dans toute l'acception du mot, deviendra en quelque sorte un phénomène ; telle est l'opinion de certains anthropologistes et nous sommes disposés à l'adopter en voyant ce qui se passe à Cuba.

Il existe encore dans l'île une autre race dont il est indispensable que nous disions quelques mots. Il y a une vingtaine d'années, au moment de l'abolition de l'esclavage, l'on craignait de manquer de travailleurs et l'on résolut d'avoir recours à l'émigration chinoise. De nombreux Chinois furent introduits à Cuba, et à un moment donné l'on en comptait jusqu'à 200,000. Aujourd'hui, ce nombre a considérablement diminué; beaucoup de sujets du Céleste-Empire ont été rapatriés et ceux qui sont restés constituent à peine une population de 50,000 âmes. L'on a renoncé à demander des bras à la Chine, du moment que l'on a reconnu que les craintes conçues tout d'abord au moment de l'émancipation des noirs étaient mal fondées. Une partie du sol est cultivée par les *guarijos* et la plupart des anciens esclaves sont restés sur les plantations, où ils reçoivent un salaire suffisamment rémunérateur. Les Chinois étaient principalement employés dans les sucreries et à l'heure actuelle, la crise sucrière qui sévit à Cuba comme dans les autres colonies européennes a pour résultat de diminuer l'effectif du personnel qui était employé à la culture de la canne. Cuba peut se passer des Chinois et possède ainsi un sérieux avantage. N'oublions pas que le Chinois ne vient jamais se fixer chez les Européens sans esprit de retour, et qu'il n'attend que le moment où il aura amassé un pécule pour retourner chez lui. De plus, il reste toujours étranger au pays où il réside et il ne cherche qu'à exploiter les habitants : aussi l'émigration chinoise présente-t-elle de sérieux dangers, et si parfois elle est indispensable, il faut la remarquer comme un mal nécessaire, et du moment que l'on peut s'en passer, cesser d'y faire appel. Cuba peut s'en passer et nous ne saurions trop féliciter cette colonie de posséder cette supériorité sur les autres Antilles.

Les quelques notions générales que nous avons données sur Cuba, quoique bien incomplètes, ont surtout été néanmoins suffisantes pour nous montrer que cette terre était avant tout un pays agricole. Son sol fertile constitue la principale source de ses richesses. Malheureusement cette colonie si bien dotée par la nature ne produit pas tout ce qu'elle pourrait produire, et la cause, il faut l'attribuer à l'imperfection des instruments aratoires qui sont rudimentaires et à l'incurie des agriculteurs.

Au début de la colonisation, les colons ne s'occupaient guère que d'élever des bestiaux. L'élève du bétail est toujours très importante, par suite de l'étendue des pâturages, et cependant nous avons le regret de dire que cette industrie n'est pas ce qu'elle devrait être. L'incurie, la négligence des éleveurs dépassent tout ce qu'on peut imaginer ; ils ne se donnent aucune peine pour améliorer les races ou même les conserver. L'on connaît à Cuba deux espèces de pâturages, le *hato* et le *potrero*. Le *hato* est un pâturage souvent fort étendu, et la plupart du temps, situé dans une vallée. Ses limites sont vagues, souvent fort incertaines, et là le bétail est livré à lui-même. Aucune attention n'y est donnée, aucun soin n'y est apporté, et toutes sortes de bestiaux beufs, vaches, chevaux et porcs vivent pêle-mêle. Le propriétaire du *hato*, qui s'occupe toujours d'une autre culture, n'attache qu'une médiocre importance à ses troupeaux qui, pour lui ne constituent qu'un accessoire.

Le *potrero* au contraire du *hato* est un enclos enfermé par des murs de pierres ou des haies ; il nourrit relativement plus de bestiaux, ses terres sont plus abondantes en herbes ou en plantes profitables aux animaux. Le propriétaire du *potrero* ne cultive pas, il s'occupe exclusivement de son bétail et c'est à vrai dire, le véritable éleveur. Le nombre de bestiaux est considérable à Cuba, et nous ne croyons pas nous écarter beaucoup de la vérité, en disant que l'espèce bovine y est représentée par 1,500,000 têtes, et l'on compte près de 400,000 chevaux, 1,200,000 porcs et 150,000 moutons et chèvres.

Ces chiffres sont éloquents, et tout d'abord il semblerait qu'il existe là pour Cuba une industrie des plus productives. Cependant il n'en est rien. Les animaux sont mal soignés. Les bœufs, remarquables par leur maigreur, manquent de taille, et la viande qu'ils fournissent est de fort mauvaise qualité. Quant aux chevaux, ils sont petits et pour les formes, ils n'ont pas hérité de leur origine andalouse. La laine des moutons est inférieure et les peaux des chèvres ne servent guère qu'à fabriquer des outres dont servent les habitants pour conserver les boissons. Les éleveurs ne songent nullement à améliorer la situation. Pendant l'été, leurs animaux souffrent horriblement de la soif, et souvent ils en perdent une grande quantité. Cependant grâce aux rivières et aux ruisseaux qui sillonnent l'île dans tous les sens, il serait facile d'établir des irrigations au moyen de travaux fort simples, et cependant personne n'en prend l'initiative. Les épizooties causent également de grands ravages ; avec des précautions ou pourrait les combattre ou tout au moins en atténuer les effets, mais ce serait trop demander aux éleveurs; aussi qu'en arrive-t-il ? Cuba n'exporte pas son bétail et cette île qui pourrait en quelque sorte s'emparer des approvisionnements de la marine, se prive ainsi d'une ressource considérable. Son bétail n'est pas recherché et sert uniquement à la consommation locale. Pour le moment, il n'y a pas à compter sur l'élevage pour rendre à l'île son ancienne prospérité.

C'est la culture qui constitue la richesse de Cuba, et cependant que de progrès il reste à accomplir. La charrue est imparfaite ; la houe connue sous le nom de *guataco*, dont on se sert, donne un travail inégal. L'usage des engrais et des fumiers est presque inconnu, et la science de la culture n'existe pas pour ainsi dire. Cependant le sol est tellement fertile que malgré cette infériorité, les productions sont des plus variées et des plus abondantes. Quelles sont ces productions ?

Cuba produit à peu près tout.

Le blé est cultivé dans certains cantons, et vient à merveille. Néanmoins, on ne le cultive qu'en petite quantité et les habitants préfèrent tirer leurs farines du dehors. Le riz se récolte en abondance, mais pas cependant pour satisfaire aux besoins de la consommation locale qui est considérable. Le maïs donne deux récoltes par an et sert principalement à nourrir les nègres et les animaux. La culture de la banane, des pois, des haricots est fort répandue ainsi que celle du manioc dont on fait une espèce de pain connue sous le nom de *cassave*. Aux environs des villes se trouvent des jardins, des petites fermes exploités soit par des *guarijos*, soit par des nègres qui viennent régulièrement approvisionner les marchés de fruits et de légumes. Sous ce rapport Cuba ne laisse rien à désirer.

Tout naturellement les produits coloniaux sont ceux qui réussissent le mieux à Cuba, dont le climat est celui des tropiques. Cependant tous ne sont pas l'objet de l'activité des colons. Le coton vient à merveille ; cependant il est peu cultivé et sa récolte insignifiante, il en est de même du cacao dont l'exportation n'est représentée que par quelques centaines de kilogrammes. Quant à l'indigo, les essais que l'on a faits jusqu'ici ont fort peu réussi et aussi cette culture n'existe pas. L'indigotier croît à l'état sauvage et les produits qu'il donne sont de qualité inférieure et d'une vente difficile. La vanille est négligée et celle que l'on récolterait ne pourrait pas soutenir la concurrence étrangère. L'on a songé à la cochenille, mais jusqu'à présent, rien de sérieux n'a été fait, et, en somme, Cuba ne possède que trois produits coloniaux, le sucre, le tabac et le café.

La canne à sucre fut importée de bonne heure à Cuba. On en connaît plusieurs espèces : la plus ancienne, la canne *créole* est mince, jaune et très sucrée ; la canne blanche et la canne violette, toutes deux originaires de Tahiti et remarquables par leur grosseur et la bonté de leur jus, sont assez répandues ; et enfin à la fin du XVIIIe siècle, l'on a introduit une canne à lignes violettes et rouges, désignée sous le nom de *canne de Ceuta* et dont les résultats sont satisfaisants. La canne se plante dans la saison des pluies, de juillet en octobre et la végétation est si vigoureuse qu'elle se reproduit sans engrais, uniquement par ses rejetons. La récolte se fait de février en mai. Généralement les sucrières ont une étendue de terrain, supérieure au nombre de bras qu'elles peuvent employer; aussi la plus grande partie sert de pâturage ou reste en friche. La fertilité est telle que lorsque la canne a été plantée dans un terrain vierge, elle dure plus de vingt ans sans être replantée. Décrire une plantation, ce serait tomber en quelque sorte dans des lieux communs. Nous nous bornerons seulement à dire qu'à Cuba comme dans les autres Antilles, on cultive le maïs et les haricots entre les rangées de cannes et que le rapport annuel d'un hectare est en moyenne de 3,000 kilogrammes de sucre, chiffre bien inférieur à ce que nous obtenions à la Martinique et à la Guadeloupe, où des terrains fumés avec des engrais de France ont rapporté 9 ou 10,000 kilogrammes par hectare. Au sucre, produit principal de la canne, il faut ajouter la mélasse et le tafia et alors il ne faut pas s'étonner si les colonies tiennent tant à la culture de la canne qui, sans contredit, est celle qui rapporte le plus.

A Cuba, cette culture s'était merveilleusement développée et les colons n'avaient rien négligé dans ce but. Jadis les sucreries étaient mues soit par l'eau, soit par des bœufs ou des mules. La vapeur avait succédé à ce système rudimentaire et sur les grandes plantations, le matériel était monté avec de colossales proportions. Les machines étaient dirigées par des ouvriers anglais et américains et elles avaient presque toutes plusieurs jeux de chaudières en mouvement. La construction des fourneaux avait été en quelque sorte transformée. Les ateliers de purgerie avaient aussi de nombreuses améliorations pour le raffinement, et il en était résulté que le sucre avait l'immense avantage d'être exporté en majeure partie blanc, ce qui n'existait pas dans plusieurs autres colonies. Quelques chiffres suffiront pour compléter les renseignements que nous donnons. En 1830, Cuba exportait à peine 100,000,000 de kilogrammes de sucre; en 1870, il en exportait 900,000,000, et à ce chiffre il faut ajouter ceux que pouvaient représenter le rhum et le tafia. La colonie jouissait d'une prospérité inouïe. A l'heure actuelle, cette source de richesses a diminué dans de notables proportions. L'insurrection a eu pour effet de ralentir le mouvement des affaires, et à Cuba la crise sucrière a sévi comme partout ailleurs. Le sucre de betterave a donné lieu à une concurrence terrible, et le sucre de canne s'est vu disputé sur tous les marchés. Depuis 1878, la production du sucre à Cuba n'a pas cessé de diminuer et en 1885, le sucre exporté n'était plus représenté que par 90,000,000 de kilogrammes. Cuba n'est plus cette terre florissante du temps passé, mais néanmoins, il n'en faudrait pas conclure que la fortune a résolu de l'abandonner. Cette grande île a trop de ressources, trop de vitalité pour ne pas lutter contre une crise et son sol est trop fertile pour qu'elle puisse se laisser aller au découragement.

Après le sucre, le produit le plus important, c'est le tabac, et peut-être dans quelques années, sera-t-il de beaucoup le seul existant. Le tabac est une plante indigène de Cuba. Pendant longtemps, sa culture se réduisit à peu de chose par suite de toutes les restrictions qu'avait inventées le monopole pour les plantations, l'élaboration des feuilles et les livraisons qui ne pouvaient avoir lieu qu'au moyen d'un contrat passé entre un négociant et le gouvernement. Toutes les récoltes devaient être expédiées à Séville et en 1717 elles atteignaient à peine cinq millions de livres! Ce régime avait donné des résultats désastreux et l'on avait cherché de bonne heure à l'améliorer. En 1821, le monopole fut aboli et les particuliers débarrassés de toute entrave. Dès le moment où la culture, l'élaboration, la vente furent libres, le tabac devint l'une des branches les plus prospères de l'agriculture et les transactions auxquelles il donne lieu ne cessent de devenir plus nombreuses et plus multiples.

La culture du tabac demande plus d'intelligence que de travail. Le choix de la terre où on le sème détermine principalement la qualité qu'il acquiert. Il a besoin d'une terre fine, sablonneuse, fertile et située le plus près possible des rives d'un courant d'eau. Sa végétation vigoureuse appauvrit le sol, et ce n'est qu'à force d'engrais, d'irrigations, que l'on parvient à combattre son épuisement. Le planteur de tabac, le *veguero*, comme on l'appelle, doit montrer une vigilance extrême. Il faut qu'il suive attentivement la croissance de la plante, qu'il enlève les insectes qui s'attachent aux feuilles les plus tendres, qu'il s'étudie à concentrer la sève dans les feuilles, à les conserver sans piqûres, à les délier adroitement et à casser les têtes qui prennent trop de hauteur. La récolte n'exige pas moins de soins, pas moins de précautions. Toute l'île de Cuba convient à la culture du tabac, mais celui qui a le plus de réputation vient principalement dans le département dont la Havane est le chef-lieu et surtout dans le district de Vuelto-Abajo qui a trente lieues de long sur sept à huit de large. Un hectare consacré à la culture du tabac possède en moyenne 3000 plantes, et la récolte qu'il donne peut atteindre 1500 livres, si la terre est de première qualité, tandis qu'elle n'est guère que de 7 à 800 livres si la terre est de qualité inférieure ; mais quelle que soit la quantité récoltée, le cultivateur y trouve un revenu plus que rémunérateur, d'autant plus que cette culture ne demande qu'un capital assez minime.

Le tabac donne lieu à une industrie fort active à Cuba et tout naturellement nous sommes amenés à dire quelques mots de la fabrication des cigares, si renommés à juste titre. Cette fabrication est presque un art. Dès qu'arrivent dans les fabriques, les *manojas* (c'est ainsi que l'on appelle les petits ballots de feuilles de tabac sèches), on choisit les feuilles destinées aux cigares, et, après les avoir dépliées une par une, on les plonge dans un tonneau contenant une solution de salpêtre. Lorsqu'elles y ont séjourné le temps nécessaire pour être suffisamment humectées et adoucies, on les fait égoutter et sécher, on les développe avec soin pour ne pas les déchirer et l'on en coupe les queues, après quoi on les livre au *torcedor*, véritable artiste en cigares, qui, armé d'un couteau acéré, étend les feuilles, en tranche différentes parties, les tord et les roule en spirale avec une dextérité incroyable ; c'est ainsi qu'en quelques minutes, le cigare sort des mains de l'ouvrier. Les *torcedores* sont presque toujours des nègres ou des mulâtres ; parfois, l'on rencontre un Chinois dans leurs rangs. Leur salaire est assez élevé et varie suivant leur habileté. C'est à la Havane que l'on fabrique le plus de cigares. L'on estime à 220,000 le nombre des cigares exportés de Cuba, et plus de la moitié viennent de cette ville. Ce chiffre nous semble peu élevé eu égard à la grande consommation que l'on fait des *puros* de la Havane, mais n'oublions pas que la contrefaçon existe là comme partout ailleurs et peut-être plus, et le Français qui fume un véritable Havane peut se considérer comme un être privilégié. Les cigares constituent ainsi le grand produit de Cuba ; quant au tabac, la guerre en avait diminué l'exportation d'une façon sensible, et, en 1885, 3 millions et demi de kilogrammes, représentant une valeur de 1,200,000 francs seulement, avaient été exportés ; il y avait là une crise, mais, à la différence du sucre, cette crise dont souffrait le commerce du tabac n'était que passagère.

Le café est également un des principaux produits de Cuba, quoique son importation soit assez récente. Le premier caféier fut introduit dans l'île en 1769, et quelques années plus tard les colons de Saint-Domingue venaient en développer la culture, si bien qu'en 1800, l'île comptait une centaine de cafeyères. Les résultats furent des plus satisfaisants, si bien que bon nombre d'agriculteurs s'empressèrent de planter des caféiers. Cette affluence amena une dépréciation du café, surtout lorsqu'il fut cultivé à Java et au Brésil, de meilleure qualité et à plus bas prix, et il y a là une concurrence à soutenir. En outre, l'inégalité des récoltes est un inconvénient avec lequel il faut compter. Aussi la production du café avait-elle depuis longtemps diminué à Cuba, si bien quo, pendant l'insurrection, elle ne pouvait plus suffire aux besoins de la consommation locale, et que la colonie etait obligée de s'adresser à l'étranger. Aujourd'hui, il n'en est plus ainsi. Non seulement Cuba produit le café nécessaire à ses besoins, mais il en exporte. En 1885, le café exporté représente 22,000,000 de kilogrammes et une valeur de plus de 6,000,000 fr. Mais ce résultat ne peut et ne doit faire aucune illusion. Si Cuba a renoncé à produire du coton en présence de la concurrence des États-Unis, Java et le Brésil l'amèneront peu à peu à abandonner le café en tant qu'article d'exportation, et à se borner à demander à son sol la quantité nécessaire à sa consommation. Cuba ne peut plus être une *terre à café*.

Jadis l'élève des abeilles était considérable, et le miel et la cire donnaient lieu à des transactions importantes. Aujourd'hui ces productions sont tout à fait secondaires, principalement la cire qui ne figure à l'exportation que pour un chiffre insignifiant. Quant au miel, il représente encore chaque année plus de 30,000,000 de francs, mais le miel ne sera jamais pour Cuba qu'une branche de commerce de second ordre.

Il existe dans l'île des mines d'or, de cuivre, des carrières de marbre, d'ardoises. Au début de la colonisation, les Espagnols s'étaient surtout attachés à rechercher l'or. Aujourd'hui les mines d'or ne sont plus exploitées. Il n'en est pas de même de celles de cuivre. Il y a une quarantaine d'années, le cuivre constituait pour Cuba une exportation considérable. Maintenant, depuis que le Chili s'est en quelque sorte emparé de ce commerce, les Cubains n'exploitent plus leurs mines de cuivre que pour leur usage personnel. Quant aux carrières de marbre et d'ardoises, elles sont pour ainsi dire abandonnées. N'oublions pas que Cuba est avant tout un pays agricole, et que l'industrie n'existe pas pour ainsi dire. En dehors des raffineries et des fabriques de cigares, il n'existe rien pour tous les produits manufacturés nécessaires à ses besoins, l'île est obligée de s'adresser à l'étranger.

Cela fait encore un commerce considérable, quoique le chiffre d'affaires ait sensiblement diminué. Son mouvement commercial atteint environ 400,000,000 fr. qui se divisent à peu près également en impor-

tations et en exportations. La Havane est le port de beaucoup le plus important et cette ville absorbe à elle seule près de 200,000,000. Nous savons ce que Cuba exporte du sucre, de la mélasse, du rhum, de tabac, de cigares, un peu de café et du miel. Parmi les puissances étrangères en rapport avec cette colonie, il faut placer en première ligne les États-Unis. La moitié du commerce de Cuba se fait avec l'union américaine. Au point de vue du commerce, Cuba est un pays à peu près *Yankee*. Vient ensuite l'Espagne, qui figure pour une centaine de millions, tant importations qu'exportations, et enfin l'Angleterre, l'Allemagne, le Mexique, l'Amérique du Sud. L'Angleterre expédie des cotonades et achète principalement du rhum. Les Allemands arrivés depuis peu essaient de prendre position à Cuba et ils montrent ce qu'ils montrent partout : une grande énergie et une activité incroyable. Quant à la France, son commerce à Cuba se réduit à peu de choses et ne se chiffre que par quelques millions. Nous apportons à Cuba quelques articles de toilette, de la parfumerie, des soieries de Lyon, et nous y achetons des cigares. Nous rencontrons la concurrence des Américains, des Anglais, des Allemands, et n'oublions pas que dans la plus grande partie de l'Amérique, l'article dit de Paris lutte difficilement contre celui de New-York. La suprématie commerciale échappe de plus en plus à l'Europe dans le Nouveau-Monde, et à Cuba plus que partout ailleurs. Nous n'avons rien à faire à Cuba au point de vue commercial et notre rôle y deviendra de plus en plus effacé. Du moment que nous nous plaçons uniquement sur le terrain économique, Cuba ne nous présente aucun intérêt.

Il n'en est pas de même si nous voyons Cuba en qualité de touristes : un voyage dans cette grande Antille serait pour nous plein de charmes et les mœurs des habitants de la colonie espagnole pourraient nous offrir une étude des plus attrayantes. Un coup d'œil pourra peut-être nous en donner une idée. Jetons-le, et certainement nous n'aurons pas lieu de nous en repentir.

Lorsqu'on débarque à Cuba, l'on y est tout d'abord frappé de la richesse que l'on trouve dans ses villes. La capitale, la Havane est une cité de 250,000 habitants. Viennent ensuite une douzaine de villes assez importantes, Santiago, Matanzas, Cienfugos, Puerto Principe, Holguin, Sancto Spiritu, Guanabacco, Trinitad, Manganillo, Santa Clara, Privas del Rio, Colon, qui toutes ont plus de vingt mille habitants. Quelques-unes d'entre elles sont de grands centres. Santiago compte 72,000 âmes, Matanzas 90,000, Cienfugos, 66,000 et Puerto

Principe 50,000. Ces chiffres peuvent déjà donner une idée de la prospérité de Cuba et de plus ce serait tomber dans une idée erronée que de supposer que ces villes ne sont guère que des centres plus ou moins populeux. L'on y trouve au contraire tout le comfort de la vie européenne unie à l'élégance et à la richesse de l'existence créole.

La Havane est la ville qui attire principalement les étrangers et cette ville a mérité à plus d'un titre que l'on s'y arrête. Son aspect a quelque chose d'enchanteur. Sa rade, l'une des plus belles du monde, s'enfonce au pied des collines qui la dominent et va tourner derrière la ville présentant un abri parfait ; elle pourrait aisément contenir plus de mille vaisseaux. Les maisons blanches, ou peintes en bleu, en vert, en rose, en jaune, offrent un spectacle qui étonne et réjouit le regard. Partout des toits plats, en terrasse, à la manière de l'Orient. Dans la vieille ville, les rues sont étroites, sinueuses, mal pavées, les maisons ont un ou deux étages et leurs fenêtres sont ornées de treillis et bordées de balcons de fer. L'on se heurte à de nombreux passants et à chaque instant l'on rencontre la fameuse voiture connue sous le nom de *volante* dont les deux grandes roues vous éclaboussent. Les vieux remparts ont été démolis et ont fait place à de beaux boulevards, en dehors desquels, l'on a construit la nouvelle ville, aux rues larges, régulières et bien aérées. L'on y trouve de somptueuses habitations aux *patios* spacieux, aux portiques et aux colonnades de marbre. L'on sent que l'on a quitté la vieille Espagne en parcourant les nouveaux quartiers où l'activité se porte de plus en plus. Les promenades publiques sont bien entretenues, plantées des plus beaux arbres des tropiques et ornées de jets d'eau. Les monuments n'ont rien de remarquable. Par leur style, les églises rappellent celles de la péninsule : la cathédrale possède les cendres de Christophe Colomb et une modeste chapelle *El Templete* est consacrée à la mémoire du *découvreur* de l'Amérique. La douane, l'hôtel des postes, l'intendance et le palais du gouverneur méritent une visite. Le théâtre, l'un des plus vastes du monde, contient 4,000 places. La Havane possède plusieurs hôpitaux, un observatoire météorologique, une école préparatoire des arts et métiers, un séminaire important, un collége tenu par les Jésuites, et une université, la seule qui existe aux Antilles. Aussi la capitale de Cuba se considère-t-elle comme un centre intellectuel et non sans quelque raison. Quant aux environs de la Havane, ils sont délicieux, et c'est là que sont situées les *casas de ecco* ou maisons de campagne de l'aristocratie cubaine, entourées de jardins splendides, entretenues avec un soin constant merveilleux.

Parler des autres villes de Cuba, après la Havane, ce serait tomber dans des redites. Nous nous bornerons à faire remarquer que c'est à Santiago que se trouvent le plus de descendants de Français et que le type européen s'est conservé dans toute sa pensée ; à Motansas, la colonie yankee domine ; quant à la Havane, les quelques renseignements que nous venons de donner nous paraissent suffisants et nous les complèterons en disant que les Havanaises sont justement célèbres par leur beauté et que leurs formes ont quelque chose d'éthéré.

La société cubaine pourrait faire l'objet d'une étude fort intéressante. Dans la plupart des familles, l'hospitalité est largement pratiquée. Les hommes sont pleins de cordialité et de politesse ; ils ont de l'imagination, l'instinct de la poésie, le goût de la musique, mais ils aiment les plaisirs et le libertinage. Fort peu laborieux, ils savourent, quand ils ont quelque fortune, le bonheur de ne rien faire. Le jeu et les combats de coqs sont pour eux pleins d'attraits. Les femmes sont coquettes et ne laissent jamais échapper l'occasion d'exercer le pouvoir de leurs grands yeux expansifs et entre leurs mains si fines et si blanches, l'éventail devient un véritable instrument télégraphique. Les enfants sont élevés avec une faiblesse devenue proverbiale, et on tolère chez eux d'incroyables fantaisies. A peine âgés de trois ans, on les voit souvent ayant d'énormes cigares à la bouche. Toute cette société est assez frivole, et chez elle, briller est un besoin. Sa culture intellectuelle laisse à désirer, quoique depuis plusieurs années, elle ait fait des progrès surtout à la Havane. Ses cérémonies religieuses tiennent une grande place dans son existence, et la semaine sainte rappelle encore le moyen-âge par certains côtés. Dans certaines villes, l'on représente les anciens mystères, dans d'autres, on brûle au carillon des cloches et au bruit de la fusillade, des mannequins de grandeur naturelle, habillés d'une façon ridicule, et qui représentent les Juifs, *Judios*. Nous croyons que l'auteur de « la France juive » assisterait avec plaisir à ce spectacle bizarre et qu'il en tirerait une ample provision de bonheur.

Mais hélas, ces mœurs, vestiges du vieux temps finiront par disparaître. Depuis une trentaine d'années, la politique a envahi Cuba, et l'insurrection qui a désolé l'île pendant longtemps et est actuellement un feu couvant sous la cendre, destiné à se rallumer, a commencé à transformer la vieille colonie espagnole. N'oublions pas qu'il existe une *question de Cuba*.

Cuba est une colonie espagnole, et tout d'abord, il semble que cette possession d'outre-mer soit mise sur le même pied que les autres provinces de la monarchie. Elle nomme des sénateurs et des députés qui vont siéger dans les chambres de Madrid. Cependant cette assimilation est illusoire. Depuis que Cuba est riche, les Espagnols considèrent cette terre comme un bien d'excellent rapport et ne négligent aucun moyen d'en augmenter le revenu. Depuis longtemps, cette île était devenue la proie d'une foule de fonctionnaires et d'employés dont les appétits étaient excessifs. Autour du capitaine-général se remuait une nuée d'ambitieux et d'affamés venus exprès d'Espagne pour faire fortune et accaparer toutes les places. Quant aux Cubains, ils étaient accablés de vexations et d'injustices par ces parasites qui vivaient et s'engraissaient à leurs dépens. Leurs réclamations les plus justes et les plus fondées n'étaient pas écoutées. Aussi les haines s'accumulaient contre le gouvernement espagnol. Nombre de créoles manifestaient hautement leurs opinions séparatistes, et en 1859, le président des États-Unis, Buchanan, faisait proposer à l'Espagne, la cession de Cuba, moyennant un milliard. Les négociations, naturellement, n'eurent pas de suite, mais elles étaient des indices qui auraient dû éclairer la Cour de Madrid et l'amener à quitter ces errements qu'elle suivait. Mais elle était aveugle et pour elle comme pour ses sujets de la péninsule, Cuba devait être mis en coupe réglée, exploité sans trêve et sans merci; c'était une *bonne vache à lait.*

En 1868, le gouvernement d'Isabelle était renversé, et l'Espagne livrée à l'anarchie. Cuba se souleva et proclama son indépendance et se donne un gouvernement. Des secours lui vinrent des États-Unis, et ce n'était plus une émeute, mais une violente insurrection que l'Espagne dut réprimer. Elle ne voulait pas laisser échapper sa riche colonie, et pour la maintenir dans l'obéissance, elle fit de vigoureux efforts. En outre de l'armée régulière, des bataillons de volontaires s'organisaient dans les villes de la péninsule, et il faut le dire, les Espagnols se montraient atroces dans la répression. Des villages inoffensifs furent incendiés, des femmes massacrées. Partout le pillage était à l'ordre du jour. A l'heure actuelle, l'insurrection a été vaincue, mais au prix de grands sacrifices. Cette guerre de plusieurs années a coûté 100,000 hommes à l'Espagne, et quoique de sérieux efforts aient été faits pour améliorer la situation, supprimer les abus, le parti de l'indépendance subsiste toujours à Cuba, et il suffirait d'une étincelle pour rallumer l'incendie. Les jours de la domination espagnole à Cuba sont comptés et sa chute n'est plus qu'une affaire de temps.

L'autre Antille espagnole dont nous voulons dire quelques mots, est Puerto-Rico. C'est une île qui a l'avantage, si toutefois cette situation constitue un avantage, d'être une terre à peu près inconnue; c'est une terre à peu près inconnue, oubliée et dont personne ne parle, et cependant c'est une colonie qui n'est pas à dédaigner. Son climat, son sol fertile, ses productions en font une possession précieuse.

Puerto-Rico, situé à l'est d'Haïti, fut découvert en 149 par les Espagnols qui là, comme à Cuba, exterminèrent la population indigène en peu d'années. Le nom que les naturels lui donnaient était celui de Boïqua. En 1509, ses mines d'or y attiraient quelques aventuriers et le premier établissement européen y était fondé. L'île de Puerto-Rico. est la plus petite des quatre grandes Antilles. Elle n'a qu'une superficie de 11.000 k. c., c'est-à-dire égale à deux de nos départements, et néanmoins sa population s'élève à 750,000 habitants dont 420,000 blancs et 330,000 mulâtres et nègres. A Puerto-Rico, l'esclavage n'a jamais existé qu'à titre d'exception, et en 1870, au moment de l'émancipation, l'on ne comptait que 50,000 esclaves. La plus grande partie de la terre est cultivée par les petits blancs, les *guarijos*, et aussi la propriété est-elle assez morcelée et il ne faut pas s'attendre à trouver à Puerto-Rico de grandes plantations comme à Cuba.

Puerto-Rico brille par le luxe de sa végétation, la variété de ses campagnes, l'éclat de ses fleurs et l'abondance de ses produits. L'île est divisée, de l'est à l'ouest, par une chaîne de montagnes de 900 à 1300 mètres d'altitude et couvertes de forêts. Au centre et sur la côte septentrionale, on trouve de vastes savanes; à l'intérieur, le pays est des plus pittoresques. Des plaines boisées, de belles vallées bien arrosées, des cascades, qui rappellent et surpassent celles de la Suisse, viennent distraire agréablement le voyageur. A part le nord, où sont situées des plaines basses, humides et souvent fiévreuses, les diverses parties de l'île sont salubres. Le sol est des plus fertiles, et, grâce aux nombreux petits cours d'eau qui ne tarissent jamais, les terres sont toujours irriguées. Aussi la culture est elle partout florissante, excepté dans le nord, où l'on ne trouve guère que des pâturages, connus par la bonté de leurs herbes. Puerto-Rico est avant tout une colonie agricole. Ses principales productions sont le sucre, le café et le tabac. Là aussi la crise sucrière s'est fait sentir, et l'exportation du sucre a diminué dans de notables proportions; celle du café a, au contraire, augmenté; le tabac vient bien, mais il est de qualité inférieure. Quant au maïs, au riz, au coton et au cacao, l'île n'en produit que pour ses besoins. Le gingembre réussit, et les quelques essais qui en ont été faits ont donné des résultats satisfaisants. Le bétail constitue une véritable ressource pour la colonie. L'exportation des bestiaux augmente, et les éleveurs forment actuellement la partie de la population, sinon la plus riche, du moins la plus aisée. En un mot, Puerto-Rico a tout ce qu'il faut pour devenir une colonie des plus florissantes, et néanmoins cette terre ne sait pas tirer parti de ses richesses, et son mouvement commercial est des plus restreints. Tout d'abord l'on s'étonne de cette situation anormale, et cependant on se l'explique facilement, lorsqu'on étudie l'état économique de Puerto-Rico.

A Puerto-Rico, on se trouve dans la vieille Espagne. Dans l'intérieur de l'île, les routes n'existent pas et consistent en sentiers battus. Aussi les communications et les transports sont très difficiles. Les institutions de crédit, si nécessaires, indispensables aux transactions commerciales, sont, pour ainsi dire, inconnues. Rien ne peut donner une idée de l'apathie, de l'ignorance des planteurs, qui passent l'été sur leurs habitations, à la campagne, et l'hiver, dans les petites villes de la colonie. A Puerto-Rico, c'est en vain que l'on chercherait ces grandes cités, ce luxe, cette élégance que l'on trouve à Cuba. Le colon de Puerto-Rico ignore la plupart du temps le confort, et sa demeure laisse souvent à désirer. Peu lui importe : son horizon est restreint, et les rapports de son île avec l'Europe à peu près nuls. Aussi ne songe-t-il pas à modifier son genre d'existence. Les villes ont quelque chose de monotone et jouissent d'un calme qui va jusqu'à la tristesse. Sa capitale, San Juan, assez bien bâtie, possède un bon port et a 26,000 habitants. Ponce, la cité la plus populeuse de l'île, en compte 40,000 ; San German, 30,000 ; Mayaguez, 20,000 ; Arecibo et Usuado, chacune 24,000. Les autres villes, au nombre de trente et quelques, quoique peuplées de plusieurs milliers d'habitants, ne sont guère que de gros bourgs, et, en les parcourant, l'on sent qu'il y existe une vétusté qui n'est qu'apparente, et si une révolution économique s'y accomplissait, l'île serait complètement transformée, et à son grand avantage. Cette révolution, nous ne croyons pas que l'Fspagne soit appelée à l'accomplir, et nous pensons, au contraire, qu'elle perdra Puerto-Rico aussi bien que Cuba. Le moment est proche où toutes les puissances européennes seront contraintes d'évacuer les débris de leurs possessions en Amérique. C'est une fatalité à laquelle elles ne pourront pas échapper.

Il y a un demi-siècle, quand les États-Unis formulèrent leur fameuse doctrine de Monroë, leur assertion fit sourire tant soit peu les diplomates de la vieille Europe. Aujourd'hui cette doctrine a reçu son application. Les États-Unis sont une puissance formidable dont nous ne connaissons pas encore toute la vitalité. Ils ont chassé les produits européens de leurs marchés, ils possèdent le Mexique au point de vue commercial et industriel, ils ne dissimulent pas leurs projets en ce qui concerne le Canada, et ils finiront par mettre la main sur les Antilles.

Ce magnifique archipel sera bientôt englobé dans l'union américaine. Tout le prouve ! Rappelons-nous les tentatives faites par le Congrès de Washington pour achever l'indépendance de Cuba, la propriété des Antilles danoises et l'acquisition de la baie de Samana, sur le territoire de la République Dominicaine. N'oublions pas que les Yankees suivent attentivement les évènements qui se passent à Haïti, et bon nombre de Haïtiens ne se font aucune illusion sur l'avenir de leur pays. Le temps est proche où Cuba, Puerto-Rico, Haïti, la Jamaïque, la Barbade, la Trinité, St-Thomas, la Martinique, la Guadeloupe seront annexées à la grande République et y formeront de nouveaux États. Toute l'Amérique du Nord sera bientôt réunie sous le drapeau fédéral, et l'Europe, à ce moment, pourra avoir des craintes sérieuses pour son avenir économique. Les États-Unis ont déjà eu l'idée de réunir toute l'Amérique dans une union douanière, et, à partir du jour où ce nouveau Zolwerein sera constitué, les marchés du Nouveau-Monde seront à jamais fermés pour l'Europe, qui, ruinée par le fléau du militarisme, en sera réduite à lutter pour l'existence.

Tel est l'avenir ! Il faut y songer. En France, nous oublions trop souvent que la fortune d'un pays ne dépend pas seulement de la valeur de ses généraux et de ses soldats, mais de son agriculture, de son commerce et de son industrie. C'est là où doit se porter l'activité nationale, et pour cette lutte, la ville de Roubaix est au premier rang et les coups qu'elle porte sont terribles. Sur le terrain économique, c'est notre premier corps d'armée, et, à l'étranger, l'on sait qu'il est dangereux de lui livrer bataille.

Lille Imp. L. Danel.

www.ingramcontent.com/pod-product-compliance
Lightning Source LLC
LaVergne TN
LVHW010014230826
846092LV00002B/803

* 9 7 8 2 3 2 9 6 5 8 8 2 7 *